DE L'UNION.

—

Pourquoi et comment il faut l'établir.

Par A*** M***.

Union : Majorité.
Division : Minorité.

NIORT,

ROBIN ET Cⁱᵒ, LIBRAIRES-ÉDITEURS,

RUE SAINT-JEAN, Nᵒ 6.

—

1849.

1850

Niort. — Imprimerie de L. Favre et Cie.

Niort, 2 décembre 1849.

Quelqu'inconnu que soit l'auteur des pages qui suivent, il les livre à la publicité, comme l'accomplissement d'un devoir.

Enfant dévoué de la France, il a entrevu l'avenir avec effroi, et il a compris que, lorsqu'un édifice est ébranlé et menace ruine, il y a obligation sacrée pour tous ceux qu'il protège, de venir travailler aux étais, quelqu'infime que soit la force de chacun.

Ces efforts isolés, si faibles d'abord, se groupant et se multipliant à l'infini, se changeront bientôt en puissans faisceaux, seuls capables de soutenir et de régénérer notre vieille société, dont l'organisation est l'œuvre de dix-huit siècles, et qu'un instant de faiblesse et de stupeur suffirait peut-être, aujourd'hui, pour la faire déchoir de toutes ses gloires.

Les convictions politiques de l'auteur de ces lignes ne sont point pour lui l'œuvre de la tradition, mais bien le résultat de l'étude de l'histoire et des révolutions, et c'est dans le principe seul de l'hérédité légitime du pouvoir qu'il a cru trouver la force morale et la stabilité, ces conditions si nécessaires à la prospérité d'un état.

Là seulement, bien que l'idée contraire soit calomnieusement répandue dans les masses, peut se trouver le véritable progrès et toutes les améliorations sociales, qui sont l'œuvre du temps et de la civilisation.

Les révolutions se sont toujours faites au nom du progrès et de la liberté; quels résultats ont-elles produit? L'éloquent M. de Montalembert le disait, il y a quelques jours; les révolutions n'ont pu que refouler dans nos cœurs l'amour de la liberté inné chez tous; elles nous ont effrayé, et la France en est réduite, à se réfugier sous les rigueurs de la loi, et à accepter presque avec bonheur le despotisme de l'état de siége.

Voilà le résultat de toutes ces perturbations faites au nom de la liberté.

Qui peut encore être révolutionnaire aujourd'hui?... A moins que ce ne soit ces hommes toujours prêts à livrer ces tristes batailles, où peut mourir une nation, et cela dans le seul but de se faire, le lendemain du combat, la plus large part dans les dépouilles de l'ennemi.

La société actuelle est gravement menacée, un mal hideux la ronge et la tue; la haine et l'ambition exploitent avec impudeur et mauvaise foi, des plaintes, des misères et des douleurs que la vieille société guérit et console par la charité, et auxquelles des rêveurs impuissans n'ont jamais donné que leurs déclamations stériles; et si la sagesse humaine n'entreprend une régénération nécessaire, bientôt cette société, si magnifiquement organisée par les traditions humaines et la loi du calvaire, s'affaissera pour mourir, comme une mère sacrifiée par ses propres enfans.

Chaque heure fait baisser le niveau moral; on doute

de Dieu, et ce doute flétrit tout, comme se flétrit une végétation sans soleil. La raison humaine s'édifie une religion, et l'on est réduit à honorer comme vertu tout ce qui n'est pas encore vice.

Voilà la véritable plaie; c'est là le principe de ces luttes de sang qui nous déshonorent.

Que le sentiment du devoir pénètre chez tous, que la religion et la morale soient relevées partout, et la force sur laquelle on compte trop peut-être, deviendra bientôt inutile; qu'au contraire le respect dû à l'autorité tombe encore, que l'immorale ambition qui fait que l'enfant ne peut plus, sans humiliation, rester ce que la famille l'a fait, et qu'il faut aujourd'hui monter, monter toujours, dût-on prendre pour échelons les décombres de la société, et les bayonnettes, se multipliant à l'infini, seront toujours insuffisantes.

Malheur au pouvoir dont le lendemain n'est assuré que par la sentinelle qui veille pour lui, l'arme au bras!... Malheur à lui, car il tombera, ayant méconnu la véritable force sur laquelle il devait s'appuyer!...

Que le sentiment du devoir et du droit soit compris de tous, voilà notre dernière planche de salut; ce sentiment apportera la lumière où il n'y avait que ténèbres, et la vérité où il n'y avait que mensonges.

La force brutale a toujours été vaincue par l'idée, qu'elle soit fausse ou vraie : l'idée fausse doit être combattue par l'idée vraie, l'immoralité par la moralité, le défaut de croyance par la religion; la force doit rester à l'écart de la lutte, et se faire seulement la dernière raison d'une société qui meurt.

Les idées ne sauraient s'imposer par le sabre.

Pour prévenir et réprimer l'émeute, il faut la moralité d'abord : les bayonnettes ensuite, l'archevêque de Paris, avant le général Cavaignac, et non pas après, comme aux journées de juin ; avant il sauve et réconcilie, après il ne peut que mourir en martyr, et monter au ciel.

.   .   .   .

Il faut reconnaître qu'aujourd'hui la lutte n'est plus possible qu'entre deux principes : le principe républicain et celui de l'hérédité du pouvoir ; hors de là il n'y a que des expédiens, et l'on sait ce qu'ils coûtent. — Ils ne peuvent être que des haltes sur le chemin rapide des révolutions, et s'ils reposent un instant des fatigues de la route, ce n'est que pour les rendre bientôt plus vives et plus cruelles.

Il faut, et c'est bien là ce que pensent les hommes sages de tous les partis, auxquels ces réflexions s'adressent, sortir de l'état maladif qui énerve le pays ; et, pour cela, croit-on que ce soit trop de tous les efforts réunis !... De tristes souvenirs en témoignent et disent combien la France a besoin de toutes ses forces.

Les divisions n'ont déjà que trop fatigué ce pays si cher à tous. Il faut enfin comprendre, que la force morale seule peut tout sauver aujourd'hui, et que, pour être forts, il faut être *unis* dans le bien et dans le vrai.

Ce sera là une nouvelle consécration de ce vieil adage si juste et si connu : *L'union fait la force.*

DE L'UNION.

Pourquoi et comment il faut l'établir.

Au fait révolutionnaire de 1830 devait succéder pour
notre pauvre France, déjà si tourmentée, une révolution
nouvelle ; le 24 février était l'instant choisi par la Providence, qui semble se jouer toujours de nos prévisions.

Faite incidemment dans un moment de stupeur, la
révolution ne put longtemps dissimuler ses tendances,
le champ si battu de la politique ne pouvait suffire à ses
espérances ; elle voulut devenir sociale, et elle ne craignit
pas de porter bientôt des coups sacrilèges aux bases de
notre vieille société et à tous les droits consacrés par la
tradition.

Ce fut alors qu'elle se dressa, comme un immense

géant destructeur, et devant ces hommes qui, au jour de la lutte, n'avaient pu prévoir et empêcher la chûte du roi qu'ils avaient fait, et devant ces autres hommes qui, par un sentiment, hélas ! bien naturel au cœur humain, avaient applaudi en voyant cette couronne, qu'une vague révolutionnaire avait apportée, disparaître, emportée par le reflux de cette même vague.

D'opinions différentes, la logique des révolutions se leva devant eux en ennemi également redoutable pour tous; la licence effrontée prit le nom si trompeur de liberté; l'égalité, dans le mauvais et dans le mal, fut la seule admise, la fraternité ne put que signer des appels à la révolte et des listes de proscriptions; la presse, cette puissance si formidable, comme un torrent dont les digues sont brisées, se répandit bientôt sur la France entière, excitant et trompant tout ce qu'elle touchait, — et dans ces masses populaires brûlées par le délire de la fièvre révolutionnaire, il n'y eut pas une de ses mille voix qui ne trouva cent échos...

Les élémens de la tempête s'amoncelaient, et l'horrible travail qui, depuis longues années, corrompait et minait la société, pendant que l'on comptait sur de trompeuses apparences, se voyait là au grand jour, se faisant gloire même de sa hideuse nudité.

Que faire devant cette immense et inévitable catastrophe? que faire?

Mais que font les habitans d'une même maison, quand le feu s'y est déclaré?... Que font les passagers d'un navire que l'ouragan menace d'engloutir?... Ils s'unissent, ils mettent leurs efforts en commun pour conjurer le danger, qui est le même pour tous...

S'unir était donc le devoir de ces hommes précédemment divisés, et dès-lors le succès était assuré, leur cause était sainte, et la Providence combattait pour ces enfans dévoués, que le danger de leur mère commune, la France, avait réunis dans un même sentiment, l'amour de la Patrie.

. . . .

Quand le canon de juin se fit entendre, la France se leva tout entière instantanément, frappée d'un courant d'électricité patriotique; des hommes, jusqu'alors ennemis politiques, se tendirent la main, et d'un courage égal marchèrent au combat; c'est que ce n'était plus l'heure de songer au passé, l'avenir était l'enjeu de la bataille, et le socialisme, cet affreux ennemi, se cramponnait avec une farouche énergie à toutes les passions brutales et mauvaises des hommes qu'il égarait. . . . . . .

. . . .

Avant d'être d'un parti, on est de sa patrie; car chaque parti n'est considéré par ceux qui le forment que comme un moyen (toujours le meilleur) de donner à la nation la plus grande somme de bonheur possible.

L'amour de la patrie étant donc le point de départ, on arrive forcément à cette conclusion que, lorsqu'un immense danger la menace, lorsque son avenir est mis en question, l'*union* est un devoir sacré que l'on ne saurait oublier, sans se rendre coupable envers son pays. — C'est à ceux-là seuls, qui accomplissent ce devoir, que peut appartenir ce magnifique titre d'*hommes nationaux,* c'est-à-dire hommes de la patrie avant tout; hors de là, il ne saurait avoir de sens.

De cette union il ne peut pas, il ne doit pas résulter que l'on oublie l'expérience que les événemens nous laissent par l'histoire, que l'on oublie que ceux auxquels on assiste ne sont souvent que la conséquence d'événemens précédens ; mais seulement il faut bien se rendre compte si les récriminations ne seraient pas plus justes et assez tôt venues, le jour où ils sembleraient vouloir se produire de nouveau ? Et puis, mon Dieu, quel est aujourd'hui, en France, le parti qui n'ait bien à perdre quelque chose, à une grande revue rétrospective ?...

Laissons donc le passé à l'histoire, dont l'expérience sera toujours, auprès des hommes sages, plus puissante que toutes nos vaines et ambitieuses discussions : « Autre « situation, autre politique, il ne faut jamais demander, « *en temps de révolution*, à ceux avec lesquels on se trouve, » ce qu'ils ont fait, mais ce qu'ils feront ; un peu de cu- « riosité vaut mieux que trop de mémoire (1). »

Après les sanglantes journées de juin, où la France témoigna si haut de son patriotisme, quand aux émotions brûlantes du combat succéda le calme d'une victoire dou-loureusement acquise, l'union, qui avait enfanté des héros et qui nous avait sauvés du gouffre, disparut bientôt ; chacun se souvint de son parti, de sa coterie et de leurs prétentions.

Faute bien fatale qui devait aussitôt rendre à l'ennemi toutes ses folles espérances.

C'était le câble de salut jeté par la Providence à celui qui se noie, qui le dédaigne, parce qu'il se sent encore un peu de vie.

Il est à déplorer qu'il se soit trouvé des hommes assez imprudens pour se souvenir trop du passé, et rompre

(1) A. Nettement.

cette union si nationale. — Ils se sont rendus profondément coupables envers leur pays.

Ils ne savaient donc pas : « Que c'était là recruter « l'armée de l'anarchie, au moyen de ce grand et terrible « raccoleur, *la misère*, et que c'était s'exposer à arriver, « de victoire en victoire, à une catastrophe qui, vain- « queurs et vaincus, nous engloutira tous. »

Ils ne savaient donc pas que ne pas rester unis après le triomphe, c'était préparer de nouveaux combats, c'était perpétuer l'état révolutionnaire, le désordre; c'était éloigner encore le crédit et la confiance, et faire monter le flot de la misère; c'était jeter sur le pavé de l'émeute tout un peuple affamé, qui avait vainement attendu les fruits de la victoire.

Eh bien! devant ces redoutables probabilités si effrayantes pour tous, quels efforts ont été faits pour ramener à cette union si désirable les hommes qui toujours auraient dû la désirer et la comprendre?... Ils sont bien faibles, si ce ne sont ceux de quelques chefs éminens et vraiment attachés à leur patrie.

Mais en dehors de leur légitime influence, tous les partis, au lieu de travailler à la concorde, se sont isolés, et ils ne savent, par les mille voix de la presse, que feuilleter l'histoire, pour jeter à leurs rivaux les fautes commises par les systèmes dont ils se sont faits les défenseurs maladroits.

De ce qu'il existe en France différens partis, représentant les divers systèmes qui se sont succédé au pouvoir, s'ensuit-il qu'ils ne puissent s'entendre, en y mettant un peu de bonne volonté et de dévoûment aux intérêts généraux?... Pas le moins du monde.

Il y a peu de jours, M. Nettement, un des honorables représentans de la droite, écrivait à M. le comte Molé, ancien ministre du roi Louis-Philippe, et lui disait : « Le moyen le plus sûr d'arriver à cette union si néces-« saire, c'est de chercher d'abord les questions sur les-« quelles on peut s'entendre, d'écarter celles sur lesquelles « il n'y a pas d'accord, et ensuite de se rendre un compte « exact des points auxquels on ne tient que secondaire-« ment, et de ceux sur lesquels on est si décidé à n'ad-« mettre aucune transaction, qu'on romprait plutôt la « négociation que de céder. »

N'est-ce pas là un plan plein de sagesse et facile à suivre ?... N'y a-t-il pas, en effet, une foule de questions de première importance pour le bien-être du pays, qui sont, chaque matin, à l'ordre du jour, tout en restant d'un intérêt égal pour tous. — L'honorable journaliste a parfaitement compris la situation ; traiter les questions d'intérêt général, d'organisation sociale, et réserver celles qui étant elles-mêmes les systèmes, pourraient porter atteinte à l'union.

En province surtout, voilà, à notre avis, pour les circonstances actuelles, la plus sage politique.

Il faut que l'union soit honorable pour tous, et là se trouvent des concessions réciproques, concessions qui toujours doivent se faire, qu'on le remarque bien, en dehors des principes ; car du moment où l'on transige avec eux, il y a abdication d'un parti.

La fusion doit toujours être basée sur la réciprocité des sacrifices, et, à part l'exagération que certains hommes apportent toujours dans leurs systèmes, il faut bien le dire, ces concessions mutuelles ne seraient bien souvent que des sacrifices faits à l'amour-propre et à l'ambition ; car, en politique surtout, l'homme ne marche jamais sans ses passions et ses faiblesses.

Avant de procéder par la désunion, il faudrait, au moins, savoir quels résultats on peut obtenir en discutant, chaque jour, les questions fondamentales de systèmes différens, si ce n'est à perpétuer l'irritation, à enraciner plus profondément l'erreur dans des esprits égarés, et à rendre toute transaction plus difficile pour l'avenir.

Pourquoi ne pas laisser la discussion habituelle de ces hautes théories, souvent abstraites et vagues, à la presse parisienne, placée dans des conditions toutes autres que dans nos modestes laboratoires de province, où chaque système se personnifie forcément. C'est là une centralisation presque nécessaire.

En province, un journal peut-il jamais devenir le phare providentiel qui doit guider la France vers le port qui l'abritera des tourmentes ?...

A Paris, un journal naît ou meurt, divague ou raisonne, est, dans la discussion, vainqueur ou vaincu ; il n'est jamais autre chose qu'un journal.

En province, au contraire, un journal est bien souvent tout un parti ; derrière la feuille il y a des hommes, des noms, et la société, et s'il ne réunit pas, il divise. . . . .

Pour ceux qui sont dans l'erreur, la vérité est écrite dans l'histoire, et l'histoire elle, a le droit de tout dire ; transcrire ses leçons en y mettant une adresse, c'est presque toujours les rendre infructueuses. Elle n'est pas d'un parti ; que les partis la laissent donc, avec son impartialité pour tous, indiquer par le passé ce que doit être l'avenir.

Et la Providence aussi ne veille-t-elle pas aux destinées des nations ; que les hommes, *dits* politiques, lui donnent donc plus à faire, et qu'ils sachent bien que son travail, pour n'être pas apparent, n'en est pas moins profond et incessant.

. . . .

Quand un immense danger vient d'être combattu avec avantage, la première chose à faire, c'est de s'entendre sur les moyens qui doivent prévenir son retour : quelques-uns de ces moyens viennent d'être indiqués, quels sont maintenant les obstacles qu'ils peuvent rencontrer. . .

. . . .

L'immense majorité de ce que l'on est convenu d'appeler le parti de l'ordre, se compose surtout des légitimistes, que l'adversité et les épreuves de l'exil ont toujours trouvés inébranlables dans leur foi politique, et des partisans de la branche d'Orléans, qui ne sont encore eux qu'aux premiers jours des épreuves.

C'est entre ces hommes que l'*union* est devenue nécessaire, et qu'elle doit se faire ; c'est entre eux que doivent être adoptés les moyens honorables pour tous, qui ont été indiqués plus haut.

Il est difficile aux premiers d'oublier 1830, d'oublier que le vent qui faisait flotter le drapeau national sur les forts jusqu'alors imprenables d'Alger, à la même heure et aux étranges applaudissemens de la France, soufflait la voile de l'exil pour un vieux roi qui laissait à sa patrie, comme éternel adieu, le plus glorieux des souvenirs modernes. Mais l'histoire ne démontre-t-elle pas aux seconds qu'ils n'avaient bâti que sur du sable, et que la stabilité ne peut jamais s'établir sur le terrain mouvant

des révolutions. Ils ont duré dix-huit années, mais qu'est-
ce que dix-huit années dans les siècles de l'humanité?
Sinon un temps d'arrêt imperceptible dans la marche ré-
gulière d'une grande nation monarchique depuis quatorze
siècles.

Ces dix-huit ans seront pour nos descendans ce que
sont pour nous les interrègnes des premiers temps de
notre histoire.

Malgré ce passé, ce sont là les hommes qui aujourd'hui
doivent s'entendre pour être forts, et qui, en se donnant
la main, doivent également découvrir leur poitrine devant
les ennemis de la France et de la société. Et comment
n'y aurait-il pas possibilité de rapprochement entre eux,
quand les faits révolutionnaires sont ainsi jugés par ceux-
là même qui les ont autrefois défendu: « Mais du moins,
« si la lutte redoutable qui s'établit et qui dure entre *le*
« *droit* et *le fait*, entre *le bien* et *le mal*, doit se terminer
« quelque jour en faveur du *fait* contre *le droit*, du *mal*
« contre *le bien*, il ne faut pas qu'il soit dit que ceux qui
« ont pris en main la défense de la société menacée, aient
« reculé devant la plus dure nécessité, celle *d'accuser*
« *ceux-là même qu'ils se sont chargés de défendre* (1). »

Les uns ont cru devoir conserver dans leur cœur dévoué le principe traditionnel de l'hérédité; les autres ont
cru trouver, dans une transaction présentée avec de flat-
teuses espérances, des garanties d'avenir et de stabilité,
que la logique des événemens a bientôt anéanties.

S'ensuit-il de là qu'ils soient irréconciliables? Non; car,
comme le dit encore M. Nettement : « Dans le choix qu'on

(1) Organe, 1ᵉʳ décembre.

« fit alors du premier prince du sang, dans cette hérédité
« factice qu'on proclama, n'y avait-il pas un dernier hom-
« mage et un dernier regret donné à cet ordre politique
« que la révolution venait de renverser. »

Les uns et les autres soutiennent aujourd'hui le même
principe, l'*hérédité du pouvoir;* tous savent que la monarchie, en France, a toujours « été de droit national, comme
« institution de bien ; aucun autre principe gouvernemen-
« tal n'a produit le bien dans ce pays; aucun, non plus,
« n'a duré. »

Le principe nié par le fait de 1830 a été admis et
réintégré à la mort du duc d'Orléans, lorsque le comte
de Paris, petit-fils du roi, fut désigné comme héritier de
la couronne ; seulement le point de départ restait faux,
et l'on ne saurait édifier sur des bases qui surplombent.

Que la Providence, qui, jusqu'à ce jour, a si évidemment pris sous sa sauvegarde le représentant du principe
légitime, vienne à tromper de loyales et franches espérances en enlevant à la France l'illustre héritier de ses rois ;
le lendemain de ce fatal décret, chacun le sait bien, il n'y
aurait plus de division possible, tous auraient le même
but et les mêmes intentions ; « l'héritier de la couronne,
au lieu d'être à Froshdosf, serait à Claremont. »

Les deux partis ne sont donc aujourd'hui divisés que
sur les personnes, et non sur les principes. — Eh bien !
quels sont les hommes sages qui, admettant un principe,
peuvent refuser de l'accepter dans toute sa vérité et sa
sincérité, et préfèrent en perpétuer la violation, dans
l'intérêt d'une personnalité. — Pour tous, en un mot, la
personne doit être absorbée dans le principe.

La France ne fut jamais à une famille, mais une famille

fut toujours à la France, et elle ne peut pas fair₍
qu'elle n'ait pas une histoire. M. Berryer disait, il y
a quelques jours : « Les révolutions peuvent changer
» l'avenir, mais elles n'ont pas la puissance d'anéantir le
« passé. »

Il n'est peut-être pas inutile de rappeler ici la polémi-
que célèbre qui s'éleva, après le couronnement de 1830,
entre deux hommes éminens; l'un avait choisi le duc
d'Orléans, *quoique Bourbon*, et l'autre répondit avec la
logique d'une haute intelligence, *parce que Bourbon*........

C'est qu'il avait compris combien cette illustre famille
était indissolublement liée à toutes les gloires de la
France. . . . .
. . . .

Quand, en politique, une erreur est commise, doit-elle
donc se perpétuer forcément!... Non! mille fois non!...
La noble conduite et les admirables lettres de M. Madier
de Montjau l'attestent suffisamment; tout en rendant hom-
mage à des princes qu'il a loyalement servi, il reconnaît
l'erreur qu'il avait commise au point de départ.

La ligue et la fronde ne se sont-elles pas terminées par
une réconciliation honorable pour tous? Les ducs de
Mayenne et de Guise ne sont-ils pas devenus de vaillans
capitaines, sous Henri IV?... La France fut-elle jamais à
un parti, n'est-elle pas à tous d'une manière égale?...
N'y a-t-il pas à son foyer place pour tous ses enfans?...

Quant à présent, *union* donc sincère et loyale, le salut
commun en dépend. A l'avenir, à la sagesse humaine et à
la Providence, la solution de la seule question sur laquelle
il serait peut-être aujourd'hui difficile de s'entendre........
. . . .

Quand il y a communauté de danger, il doit y avoir communauté d'efforts pour le braver.

Les passagers d'un navire que la tempête menace pourraient-ils, au moment suprême, ne pas mettre leurs efforts en commun, sans se rendre criminels envers la Providence, qui leur a départi toute la force nécessaire pour vaincre le péril? Évidemment non!... Il en est ainsi de nous.

Et l'on semble, aujourd'hui, croire que, parce que le canon de l'émeute ne gronde plus, parce que les prisons d'état regorgent des ennemis de la société, parce que la majorité de la chambre n'est plus révolutionnaire, on puisse impunément ne pas prendre les précautions auxquelles le danger oblige.

Est-ce à dire que, pour maintenir l'union, il faudrait toujours être sous le coup d'une émeute nouvelle?...

Depuis dix-huit mois, nous veillons, l'arme au bras, et l'ennemi sait bien qu'il nous trouvera tous en face de lui, à l'heure de la lutte. Mais il est un autre endroit que la rue, où il faut être unis et d'accord. — Des combats peuvent encore être à livrer, et la division, dans un camp, en a toujours assuré la défaite.

Souvenons-nous de notre entente au dix décembre; ce grand jour d'une solennelle protestation.

Aujourd'hui les circonstances sont aussi difficiles qu'alors, et c'est encore devant l'urne électorale que nous devons nous trouver *unis*, comme s'il s'agissait d'aller à la frontière... Mais malheusement il semble ne pouvoir en être ainsi : à voir ces hommes politiques, qui se plaisent tant à s'isoler dans leurs systèmes, on dirait vraiment que tout est rentré dans l'ordre autour d'eux; que l'état révolutionnaire a fait place à la stabilité; que la presse socialiste a cessé sa propagande, et que, chaque matin, elle ne menace plus la société par ses grossiers, mais dangereux sophismes; qu'à la tempête a succédé un ciel sans nuage.

Et pourtant c'est le contraire de tout cela qui existe.

La confiance est morte, le crédit n'existe plus; chez les législateurs, plus de cette dignité qui impose tant; les grandeurs et les gloires parlementaires cèdent la place à de grossières injures, au pugilat et aux coups d'épée, préface de guerre civile; et puis, dans les masses, le respect de l'autorité, cette condition indispensable pour avoir le calme et la prospérité, disparaît; le sentiment du devoir s'affaisse, l'immoralité politique grandit, la passion des jouissances matérielles domine tous les instincts, la presse anarchique atteint le paroxisme de la violence, elle éteint un à un tous les sentimens élevés qui nous restaient encore au cœur : un prêtre apostat insulte le Dieu, qui semble l'avoir maudit, et la tiare de saint Pierre est souillée sur les tréteaux de la Porte Saint-Martin..., et l'on ne voit pas que le flot monte, que l'orage grossit, et que la foudre nous frappera bientôt?.....

La patrie est en danger, et l'on semble n'y pas penser!...

Peut-être l'union seule peut tout sauver... Et on se fait sourd et aveugle, et « pour comprendre la nécessité de « l'union, il paraît que l'on veut attendre que la guillotine » soit dressée, que le pillage soit à l'ordre du jour. Si la « division continue, on n'attendra pas longtemps (1). »

A l'époque des dernières élections, la question de fusion fut posée dans un grand nombre de départemens.

____

(1) Assemblée nationale.

Dans les uns, elle fut largement et sérieusement adoptée, et dans d'autres, longuement discutée, puis rejetée.

Dans les Deux-Sèvres, un journal disait, le 15 avril : « Des réunions électorales vont se produire, des noms « seront discutés, nous espérons que l'intérêt général ne « sera pas oublié, et que les questions de personnes seront « d'un faible poids dans la balance ; mettez dans un pla- « teau les ambitions personnelles, *dans l'autre, le vœu du* « *pays, et nous serons tous d'accord*, car nous voulons tous « le bonheur de notre pays. »

Des réunions, en effet, eurent lieu, et les premières, oubliant leurs devoirs envers la France, se crurent le droit de rejeter toutes les propositions de fusion qui furent faites. Cette usurpation des droits des électeurs fut une calamité, car les hommes qui la dirigèrent ne comprirent pas leur pays ; lui, consulté, n'eut-il pas agi plus sagement ? puisque, quand vint le 13 mai, ce grand jour où devait se produire l'expression de sa volonté, il consacra solennellement le système repoussé naguères par quelques-uns.

Après ce grand acte, que restait-il à faire aux hommes sages dans notre département ? Si ce n'est à accepter avec bonheur cette politique d'oubli et d'espérance qui devait doubler les forces. « *Mettez dans un plateau les ambitions* « *personnelles, et dans l'autre le vœu du pays, et nous se-* « *rons tous d'accord.* » Éh bien ! le 13 mai, le pays n'a- t-il pas fait tout cela ? N'a-t-il pas mis son vœu dans le plateau ? Et ce vœu n'est-il pas une volonté énergique- ment exprimée d'une politique de fusion et de concilia- tion ?... Et pourtant sommes-nous tous d'accord aujour- d'hui ?... La réponse est facile, hélas !... Non, et Dieu

veuille que nous ne soyons pas encore à la veille de nou-
velles divisions !...

Les représentans de notre département ne nous don-
nent-ils pas cependant un bel exemple à suivre?... Ne
sont-ils pas tous d'accord, eux, pour travailler à étayer
l'édifice social dont ils ont reconnu la solidité compromise
par toutes nos violentes commotions; le scrutin ne les
trouve-t-il pas tous unis après chaque discussion qui,
tombant de la tribune nationale, peut compromettre ou
rassurer l'avenir de la société...

Un de nos représentans, qui connaît et déplore nos
divisions départementales, écrivait, il y a quelques jours,
ce qui venait de se passer à plusieurs réunions de la rue
Saint-Honoré et du conseil d'état.

Le voici en quelques mots :

Il était question de savoir quelle attitude devait prendre la majorité devant la proposition du *citoyen* Napoléon
Bonaparte, pour l'abrogation des lois de bannissement. On
sait que, dans le seul but de créer des embarras et des
difficultés à la majorité, la proposition avait éte divisée en
trois parties. Il y avait dès-lors à voter et pour la branche
aînée et pour la branche cadette; mais cette petite et
misérable manœuvre a échoué devant l'entente et l'union,
que la discussion n'a fait que cimenter davantage.

Le plus illustre de nos orateurs, cet homme qui, longtemps à la chambre, n'a été le chef que d'une minorité
presqu'imperceptible, et qui aujourd'hui se trouve à la
tête d'une phalange nombreuse et pleine d'avenir, recru-
tée par le suffrage universel; cet homme, dont la haute
sagesse et l'abnégation personnelle lui ont fait abandon-
ner, depuis bien des mois, les gloires de la tribune et

toutes les douceurs de l'amour-propre satisfait, pour leur préférer la calomnie et le dénigrement de ses propres amis; cet homme, dis-je, que l'on attaque, mais avec toute l'impuissance de la faiblesse contre la force, a compris combien le danger que renfermait la question était grand, et par un de ces magnifiques discours, que la France entière voudrait entendre, il a su réunir tous les cœurs et tous les esprits dans un sentiment commun.

Il a retracé les joies de la famille, dans la patrie, et ses douleurs dans l'exil, pour montrer, bientôt après, combien il serait dangereux de voter pour la loi proposée. Il a demandé qu'il ne soit point fait de division dans la proposition, et que les deux branches soient désignées sous la dénomination *unique* de *Maison de Bourbon*.

Un autre orateur, M. P..., dont le dévoûment est incontestablement acquis à la branche d'Orléans, a voulu, aussi lui, que les deux propositions fussent réunies, et, aussi lui, il a prononcé le mot si conciliateur de *Maison de Bourbon*. C'est donc là un fait acquis, c'est un acte d'union indissoluble, et même M. P... n'a pas hésité à aller plus loin, et à parler « d'un grand principe qui « pourra devenir le salut de la France, et que l'avenir « nous réserve peut-être. »

Puis cet orateur, dont le discours n'avait reçu que des adhésions dans cette assemblée, formée d'élémens divers a terminé par un mot encore plus profond que spirituel : « *Ne soyons pas plus avisés que la Providence.* »

De la réunion du conseil d'État passons à l'Assemblée législative, et refléchissons à ces nobles paroles que M. Berryer laissait tomber hier encore du haut de la tribune qui, trop rarement pour la France, rayonne de sa

gloire. « Ah! c'est un grand honneur pour mon pays
« de voir des hommes consciencieux qui ont servi des
« gouvernemens auxquels ils étaient attachés, et auxquels
« ils sont toujours attachés, de voir ces hommes se réunir
« autour du même drapeau dans l'intérêt de la société!
« Oui, il y a quatre ou cinq grands partis ici qui gardent
« leur foi, qui ont leur culte, mais qui sacrifient tout à
« leur amour pour la patrie.

« Eh bien! ces partis, divisés sur la forme, aujourd'hui
« se *réunissent...* Pourquoi? parce que vous avez jeté en
« avant, partis démagogiques, la question d'être ou de
« ne pas être...

« Eh bien! je dis à tous ces hommes qui ont jeté en
« avant les questions sociales, je leur dis que depuis dix-
« huit mois, si j'ai éprouvé un moment de bonheur, c'est
« de voir l'*union* de tous ces grands partis pour le salut
« de la société... (1). »

Voilà ce qui se passait il y a quelques jours dans les
hautes régions politiques... Voilà où en est l'union; voilà
ce qu'a déjà pu faire le danger commun!... et, après cela,
peut-il nous convenir, à nous, hommes d'État si *modestes,*
de ne pas suivre avec empressement ces hommes éminens et capables, que la France est heureuse d'avoir à
sa tête pour la guider dans le chaos politique créé par
nos révolutions! . . . .

Des hommes sérieux ne peuvent se faire les défenseurs
d'un système sans avoir approfondi mûrement les résultats auxquels il tend et aboutit forcément. Eh bien! qu'ils
nous disent donc à quoi peuvent servir, quels résultats

(†) Séance du 25 octobre.

peuvent avoir des récriminations sans cesse renaissantes des revues rétrospectives, redites cent fois déjà, et des bravades inutiles! si ce n'est à rendre plus difficile toute réconciliation entre des hommes qui se trouvent avoir identiquement les mêmes intérêts à défendre.

S'isoler dans un système, n'est-ce pas prendre des engagemens avec l'avenir? et cela, en temps de révolutions, n'est peut-être pas toujours sans danger.

Les espérances d'une politique sage et prudente doivent être basées sur le travail lent, mais incessant, que le cours des évènemens fait forcément, et, à notre insu, dans nos esprits.

Toute discussion irritante est une entrave à ce travail, qui est le fruit de l'expérience; elle l'arrête, le suspend et prolonge ces crises si fatales à une nation.

Laissons donc plus à faire à la Providence, qui toujours dicte l'histoire des peuples. Nous semblons ignorer encore combien nos désirs sont faibles devant son immuable volonté, et pourtant, depuis soixante années, ne semble-t-elle pas, à chaque événement, se jouer des prévisions humaines?

Des lignes qui précèdent il ne peut pas s'en suivre, que garder le silence soit ce qu'il y ait de mieux à faire. On ne saurait s'arrêter à cette pensée; il est des questions sur lesquelles chaque parti peut et doit même garder sa liberté et son indépendance d'appréciation.

Ces grandes questions, qui sont depuis si longtemps à l'ordre du jour, telles que : la liberté d'enseignement, la décentralisation, l'organisation municipale, etc., ne sont-elles pas d'un intérêt assez puissant pour le pays? et si, par le cours des événemens, on arrive forcément à traiter de ces autres questions qui touchent de plus près aux principes que chacun représente, l'intérêt du pays dominant toujours la pensée, elles ne peuvent être traitées que de manière à amener à elles les hommes égarés, et avec le tact et la modération qui fortifient toujours les bonnes causes.

De cette manière l'irritation ne se perpétuera pas, et quand viendra le jour de la réconciliation, on pourra se tendre loyalement la main, sans qu'il y ait aigreur et arrière-pensée dans les esprits.. . . . .

. . . .

Que des conservateurs reprochent, chaque jour, aux légitimistes ce qui, à leur avis, est faute dans la Restauration, et que des légitimistes répondent aux conservateurs par l'usurpation de 1830, n'est-ce pas étrangement déplacer la question, et cela aux dépends du pays...

Des naufragés, que chaque vague menace d'engloutir, regardent-ils la vague qui s'en va?... Non! tout leur effroi est concentré sur celle que la tempête souffle vers eux et qui creuse son sillon comme un vaste tombeau.

Tous, ne sommes-nous pas des naufragés! (Qu'importe la date du sinistre.) Regardons à l'horizon, oublions le passé, sondons l'avenir, et que notre union fasse notre force.

L'ennemi commun est fort et puissant; l'union seule peut nous faire plus forts et plus puissants.

Pour l'avenir, souvenons-nous des élections du 14 octobre dans la Gironde. Une grande faute a d'abord été commise par un parti qui n'a pas voulu admettre une candidature que la logique et la bonne foi lui faisaient un devoir de soutenir.

Il n'a pas été possible de parvenir à s'entendre, et tous, aujourd'hui, déplorent amèrement le résultat de l'élection ; puisse-t-il au moins devenir une leçon pour l'avenir.

Les électeurs modérés s'étant divisés, le candidat socialiste a réussi à devenir le représentant de la Gironde, de ce département qui a si énergiquement déployé le drapeau de la réaction, alors qu'il y avait tant de courage à le faire. . . . . , ...

Après des transactions, faites entre des hommes autrefois ennemis, il faut bien le reconnaître, il y a toujours des craintes, on a peur d'être trompé, d'être sacrifié, d'être trahi ; mauvaises raisons que ces raisons-là. Quand la conscience trace le devoir, il faut l'accomplir ; le bon droit sera toujours avec la loyauté et la vérité, et la honte ne peut être que pour ceux qui violent les engagemens pris, et la foi jurée.

Il y a des défaites qui honorent et des victoires qui flétrissent. Qui ne consentirait à être vaincu à ce prix ?...

Quand le devoir est devant nous, oublions toutes ces puérilités humaines, pour ne nous souvenir que de cette vieille devise si française : *Fais ce que devra, advienne que pourra.*

S'unir, voilà donc encore une fois le grand besoin de notre époque, et cela doit se dire hautement, c'est notre devoir à tous. Réservons nos droits, ils ne sauraient être que la conséquence de l'accomplissement de nos devoirs. Nous en avons à remplir envers le pays ; c'est avec bonheur que nous devons aller au devant d'eux, en nous souvenant de ce qu'un publiciste a dit : « Le droit marche à pas de tortue, mais il arrive. »

L'émeute a institué en France un grand parti national, le parti de l'ordre ; soyons-en tous, sans arrière pensée ; c'est à nous alors qu'il appartiendra de régénérer la nation, que nos révolutions successives condamneraient bientôt au scepticisme politique, atteinte mortelle, qui serait le signal d'une décadence honteuse.

Mais, pour cette œuvre, et pour ne pas être des hommes d'anarchie, il faut être forts et unis, et se souvenir de ces paroles d'A. Weill : « L'ordre ne se décrète pas ; « pour qu'il règne dans les faits, il faut qu'il soit d'abord « dans l'accord des idées. »

Le parti de l'ordre a énergiquement repoussé ce qu'il ne voulait pas, mais il lui reste un devoir plus urgent, plus impérieux, plus patriotique, c'est de dire ce qu'il veut.

Il a combattu, qu'il organise donc, sous peine de perdre les résultats de sa victoire, et qu'il comprenne que perpétuer ses divisions, c'est amener sa dissolution.

O vous tous ! qui savez ce qui manque à notre pauvre pays, qui a tant besoin de calme et de stabilité, unissez-vous donc, et vous deviendrez les conservateurs de la société !... Que votre union appelle à vous ces masses flottantes, que nos dissensions frappent au cœur par la misère, qui seule pourrait les maintenir toujours à la merci des chefs de l'anarchie !... Arrachez-les au socialisme, qui les ronge et les égare par ses trompeuses promesses et ses fausses utopies. — Chaque jour il s'en empare ; *unis*, éclairez-les, dites-leur la vérité, relevez chez elles l'amour de la patrie et le sentiment du devoir, et bientôt elles seront à vous...

Tendez aussi la main à ces hommes honnêtes, mais qui, républicains sous la monarchie, ont reculé d'effroi le jour où ils ont vu l'application de leurs théories. Ils avaient eu des espérances ; ils n'ont aujourd'hui que des déceptions, et ils font souvenir de la réponse de la princesse de Conti à son mari, qui était laid, et qui lui écrivait : « *Je pars, madame, ne me trompez pas pendant mon* « *absence. — Monsieur*, lui répondit-elle, *soyez tranquille,* « *je n'en ai l'envie que quand je vous vois.* » . . . .

Aujourd'hui, nous sentons tous que le sol manque sous nos pas ; la stabilité et le calme, conditions si nécessaires pour le bonheur d'un état, ont été emportées par le flot révolutionnaire.

Le sauvetage est un devoir sacré ; qu'il soit fait en commun, afin que chacun ait une part égale dans la reconnaissance de la patrie, au grand jour de la réhabilitation.

Rassurons d'abord par une saine morale et de solides doctrines la propriété et le crédit, voilà la base de notre œuvre. Rassurer la propriété, c'est consacrer le travail d'hier ; affermir le crédit, c'est assurer le travail de demain... Là doit être le point de départ de la prospérité d'une grande nation.. . . . .

. . . . . , ... , . .

Il est temps, enfin, de comprendre, sous peine d'une honteuse décadence morale, tout le vide et le non-sens des grands mots, avec lesquels toujours on fait des révolutions.

L'ambition et la haine d'hommes laissés à l'écart ont, de tout temps, inscrit sur le drapeau du pauvre peuple qu'ils envoyaient aux barricades, ces mots qui, faussement compris et faussement appliqués, nous ont tant fait souffrir : *liberté* et *souveraineté du peuple*.

Pauvre liberté !!!... Au lieu d'être ce que Dieu la fit,

une éblouissante colonne de feu guidant les nations sur la route de l'avenir et du progrès. Ainsi comprise, ainsi présentée, ne nous a-t-elle pas bien souvent rendu presque heureux du despotisme du sabre et de la suspension des lois ordinaires.

N'est-ce pas le canon de l'émeute qui toujours a tinté son agonie?...

La *souveraineté du peuple*, toujours elle est proclamée la veille de la bataille; le lendemain, on ne s'en souvient plus, il ne reste que la *souveraineté du fait.*

Ces mots qui portent avec eux la fatalité de la mort, et que la flatterie et la faiblesse ont seules inscrits sur tous nos monumens, ne devraient être imprimés dans l'histoire de nos révolutions qu'avec des caractères rougis dans le sang du peuple qu'ils ont trompé et fait massacrer.

La *liberté*, dans le calme, c'est le progrès; la *liberté*, dans l'émeute, c'est la décadence.

La *souveraineté du peuple* pratiquée par les révolutions, c'est l'humiliation du passé, l'incertitude du présent, le doute de l'avenir; donc c'est le mal.. . . . . . .

. . . .

Le gouvernement n'est pas le pouvoir, s'il ne dure qu'à la condition de ne pas gouverner, et s'il ne gouverne qu'à la condition de ne pas durer. S'il ne nous est pas donné de sortir de cette déplorable alternative, l'avenir n'est que révolution, décadence et mort.

Il faut gouverner et durer : c'est là la grande question; et, pour cela, il faut incontestablement au pouvoir deux soutiens.

D'abord, les vieilles et glorieuses traditions du passé se mariant à toutes les améliorations sociales, que l'expérience des siècles nous apporte, et puis ensuite l'appui national, c'est-à-dire le dévoûment sincère de tous les hommes d'ordre, de ce parti que l'émeute a organisé, et qui, malgré tout ce que l'on pourra faire, aura toujours l'immense majorité en France.

Vienne ce jour, et nous n'aurons plus alors le spectacle au moins étrange d'un gouvernement proclamé par douze individus, au nom de trente-cinq millions d'habitans, et créé par l'intrigue et l'ambition, dans une heure de stupeur générale.

A la France, le courage n'a jamais fait défaut ; il est à la préface de son histoire, comme il sera à sa dernière page. Que l'émeute se lève, que la patrie soit menacée, et tous ses enfans, électrisés par leur amour pour elle, se lèveront pour courir au danger.

Donner son sang pour sa patrie, c'est bien là un magnifique courage ; à nous, Français, c'est notre passé, et peut-être notre avenir. Mais il est quelque chose de plus beau et plus utile encore que de mourir pour son pays, c'est de vivre pour lui, c'est de consacrer son existence à son bonheur, à sa prospérité, à sa gloire ; c'est notre devoir, c'est notre honneur à tous, et comprenons surtout quelles sont les obligations que ce devoir nous impose.

Il ne nous est pas donné d'arrêter le temps, et l'expérience qu'il nous apporte, mais il nous est donné par cette expérience d'arrêter les maux qu'elle signale.

Elle est la même pour tous, et doit inspirer à tous les mêmes désirs et les mêmes intentions, si nous sommes assez sages pour laisser de côté nos vieilles rancunes qui perpétuent depuis si longremps la division entre les membres d'une même famille.

Devant nous se dressent nos devoirs et nos droits; que nos esprits, s'isolant des milieux dans lesquels ils vivent, songent à ce que notre France a été, à ce qu'elle doit être, à ce qu'elle sera, si nos luttes et nos discordes continuent; et bientôt, avec le courage de l'enfant qui combat pour sa mère, sans faiblesse et sans regrets, nous accomplirons les uns pour conquérir les autres.

« O que la France serait grande et belle, si, un seul
« jour, une seule heure, les Français écoutaient la voix
« de la raison et de l'expérience! Mais si, au contraire, la
« lutte continue encore quelques années, et n'importe de
« quel côté la victoire se déclare, la France, si riche, si
« belle, si noble, si ardente pour le bien, sera la dernière
« des nations, appauvrie, enlaidie, endolorie, déchirée,
« partagée enfin en tronçons sanglans, dont les membres
« mourans, seuls palpiteront en guise de cœur (1). »

Sinistre tableau esquissé dans l'avenir !... — Avis logiquement donné à des hommes qui peuvent encore prévoir et empêcher.. . . . .

. . . .

Prévoir l'avenir, et empêcher le mal de grandir encore, n'est-ce pas là travailler de la manière la plus certaine à réorganiser notre pauvre France, si malade par soixante années de fièvre révolutionnaire.

C'est incontestablement le but de tous les hommes sages, de tous les partis, auxquels les réflexions qui précèdent s'adressent. Leurs systèmes, quoique différens, ont le même point de départ : l'amour du pays, le même but, son bonheur et sa prospérité. — Leurs intentions sont

(1) A Weill.

sincères et communes; qu'ils n'hésitent donc pas à laisser en dehors de cette alliance si nationale les hommes extrêmes qui ne voudraient pas les y suivre.

Ils ont à défendre une grande et sainte cause : qu'ils se liguent donc avec dévoûment, sincérité et sans arrière-pensée, qu'ils se groupent sous l'étendard du droit et de la loyauté. Que leur sagesse les rende dignes de la victoire, et la Providence bénira leurs efforts en combattant pour eux. Nouveaux croisés, elle les inspirera d'un noble enthousiasme pour sauver leur pays et vaincre l'anarchie par leur honorable et loyable *union*, et bientôt ils montreront à tous qu'aujourd'hui, comme autrefois, *Dieu protège encore la France.*

www.ingramcontent.com/pod-product-compliance
Lightning Source LLC
Chambersburg PA
CBHW071427030726
47594CB00006B/2609